ANIMALES MITOLÓGICOS

y otros seres fantásticos

susaeta

CONTENIDO

INTRODUCCIÓN

¡Hola! ¡Qué alegría verte!

¿Sabías que el libro que estás a punto de leer no es solo una colección más de las mismas viejas historias de siempre? ¡Todo lo contrario!

En tus manos tienes un auténtico cuaderno de viaje escrito por un experto en animales mitológicos: ¡yo! He explorado todos los rincones del planeta en busca de nuevos detalles sobre ellos. Ha sido un trabajo ingente, y no te vas a creer lo que he descubierto... ¿Quieres averiguarlo?

Los mitos y las leyendas son algo más que simples cuentos. Soy un apasionado de los seres mágicos y crecí con una biblioteca llena de libros acerca de ellos. Me he pasado horas y horas leyendo sobre unicornios, grifos, sirenas, los akhlut..., y he descubierto dónde viven, qué comen y, lo más importante, qué los hace tan fascinantes.

Si no me crees, te reto a leer este libro. He tomado notas de todas las historias, descubrimientos y detalles que he encontrado. Algunos de estos seres viven en tierras lejanas, otros están mucho más cerca de nosotros, pero todos ellos tienen una historia especial que los hace únicos.

Es cierto que, por ahora, solo he leído sobre ellos; sin embargo, estoy planeando un viaje para tratar de encontrarlos. ¿Qué me dices? ¿Quieres acompañarme? Mientras preparo la mochila, puedes leer mis notas y, cuando hayas llegado a la última página, dime si quieres que te reserve un billete.

Pero ¡basta ya de charla! Pasa la página y prepárate
para hacer un viaje extraordinario al misterioso
y fascinante mundo de los animales mitológicos.

ADARO

Sabes guardar un secreto, ¿verdad?
Por lo que sé, el adaro esconde muchos.

Hace años, en un pequeño islote de las Islas Salomón había un joven pescador que se pasaba los días pescando desde lo alto de unas rocas junto al mar.

Un día, cuando el agua estaba en calma y el sol se reflejaba en la superficie, el joven divisó una misteriosa figura ante él. Era un adaro: una criatura marina, mitad humana y mitad pez, con una gran aleta dorsal y unos ojos que parecían guardar los secretos más profundos del océano.

El joven estaba asustado, pero le habían enseñado a respetar a los espíritus del mar, por lo que ofreció a la criatura un poco de pescado.

El adaro no estaba acostumbrado a tanta amabilidad, así que decidió recompensar al pescador con un increíble regalo: a partir de ese día, el joven entendería el lenguaje del mar. De esa manera, siempre sabría por dónde navegar de forma segura y dónde encontrar más peces. Sin embargo, debía cumplir una condición: no revelar jamás quién se lo había concedido; de lo contrario, perdería el don para siempre.

Desde ese momento, el joven se convirtió en el pescador más hábil del pueblo, y su éxito despertó la envidia de algunos hombres. Una noche, un grupo de ellos le cerró el paso cuando volvía a su casa: querían conocer su secreto. Aunque el joven intentó resistirse, al final consiguieron sonsacarle la historia de su encuentro con el adaro. Después, sintió que algo abandonaba su cuerpo y, por mucho que lo intentó, nunca más fue capaz de pescar, ¡ni siquiera el pez más pequeño!

Y es que... el mar ni olvida ni perdona a quienes lo traicionan.

KRAKEN

En las profundidades de los océanos se esconden seres que hacen temblar hasta a los aventureros más valientes.

Era de noche, y el submarino Nautilus avanzaba silenciosamente por las frías aguas del océano.

No parecía haber amenaza para el capitán Nemo y su submarino hasta que, de repente, uno de los tripulantes divisó una gigantesca sombra que se acercaba como si fuera un monstruo dispuesto a aplastar el batiscafo. Finalmente, alguien dio la voz de alarma: «¡Kraken!».

El Kraken es un calamar gigante, tan enorme que solo uno de sus tentáculos puede hacer añicos una embarcación. Nadie a bordo había visto nunca nada igual. Las ventosas de la bestia se pegaron al Nautilus con una fuerza letal, y el capitán Nemo cogió un hacha y ordenó a sus hombres que empezaran a luchar. Cortaron un tentáculo, luego otro y otro más, hasta que a la terrible criatura solo le quedó uno. El Kraken roció entonces a la tripulación con una tinta tan negra como la noche y desapareció en el abismo más profundo.

Tal vez, esa noche de tormenta, incluso el rey del mar aprendió a respetar el coraje humano.

AHUÍZOTL

Si alguna vez paseas por las orillas de un lago en México, fíjate bien: ¡un ahuízotl podría estar al acecho!

Los lugareños cuentan la historia de una mujer que iba a un lago todos los días a por agua. Una mañana, encontró la superficie llena de peces y, al instante, supo quién era el responsable. Miró a su alrededor y allí estaba: un ahuízotl; él había hecho emerger aquellos peces para atraerla. Desde la distancia podría confundirse con un perro de pelo corto, excepto por su larga cola… ¡que terminaba en una mano!

Y eso era exactamente lo que el ahuízotl iba a utilizar para intentar apresar a la mujer. Entonces, ella se desprendió de su pesada capa sin apartar la mirada de él. Cuando el ahuízotl estuvo lo suficientemente cerca y la mano que remataba su cola se acercaba a ella, la mujer arrojó la capa sobre él y lo atrapó.

¿Pero acaso la mujer iba a acabar con el animal para que nadie más saliera herido? ¡Por supuesto que no! Como el ahuízotl es amigo del espíritu de la lluvia, aquella noche la mujer regresó al lago y lo liberó. A partir de ese momento, la lluvia fue abundante y el pueblo prosperó.

A veces, aquello que nos asusta merece respeto, pues el verdadero equilibrio reside en convivir con la naturaleza, no en intentar dominarla.

ALICANTO

En Sudamérica, hay un ave muy especial que no puede volar porque su vientre está lleno de oro.

El Alicanto tiene unas alas enormes que son perfectas para volar, ¡pero es demasiado glotón para poder hacerlo! A esta ave no le basta con comer gusanos: se vuelve loca por el oro, la plata o cualquier otro metal precioso. Y, tras tan copiosas comilonas, ¿cómo podría volar?

Un minero de Chañarcillo (Chile) describió su encuentro nocturno con él. El ave bailaba sobre las rocas, y sus plumas doradas iluminaban la oscuridad. El minero la siguió con la esperanza de que le condujera a un tesoro, pero, cuanto más se alejaba, más difícil se hacía el camino, hasta que se dio cuenta de que la criatura lo conducía al borde de un barranco. El hombre se detuvo justo a tiempo y vio que la extraña ave se volvía y lo miraba, como diciéndole: «¡Si quieres oro, tienes que ganártelo!». Después de aquel día, el minero dejó de buscar riquezas fáciles y se convirtió en el mejor buscador de minerales de la región, todo gracias a aquel encuentro fortuito.

Es mejor admirar desde lejos y dejar estar. La mayoría de las veces, la verdadera riqueza es saber apreciar todo lo que brilla sin pretender poseerlo a toda costa.

EACH-UISGE

En Irlanda hay un lago con las orillas ocultas bajo la niebla
y rodeadas de silencio; un lugar conocido por ser
el hogar de seres extraños y peligrosos.

Un día, un joven del clan Connelly se levantó temprano para
ir a trabajar. Como todas las mañanas, recorrió los prados
cercanos al lago; sin embargo, ese día se encontró con un
caballo que no se parecía a ninguno que hubiera visto antes.
Sus crines reflejaban cada rayo de sol. ¡Qué afortunado!

Sin dudar un momento, se acercó cautelosamente,
le echó una capa por la cabeza para evitar que huyera
y, con destreza, le puso la brida y se lo llevó a su casa.
Durante años, ese caballo fue su orgullo: fuerte pero dócil,
incansable y obediente. ¡Era el compañero de trabajo
perfecto! Lo que el joven desconocía es que no se trataba
de un caballo normal: era un each-uisge, un peligroso
espíritu del agua.

En una ocasión, el joven decidió acercarse cabalgando al lago. Nada más llegar, un instinto ancestral pareció despertarse en el caballo: el animal se quedó mirando fijamente el agua y, de repente, levantó el vuelo galopando hacia ella. Con gran rapidez, el joven sacó los pies de los estribos y se arrojó sobre la hierba alta y verde. Si no hubiera saltado, sin duda alguna se habría ahogado cuando el caballo saltó al lago. Con el corazón palpitante y sin aliento, el joven vio desaparecer a su caballo en las profundidades del agua.

Si alguna vez paseas por ese lago, es probable que oigas el sonido rítmico de unos cascos golpeando las rocas. Considéralo una advertencia de los espíritus del lago, que te recuerdan que ciertos seres nunca pertenecen realmente a quienes intentan domesticarlos.

BAKU

¿Has tenido alguna vez pesadillas que te despiertan con un sobresalto? La próxima vez sabrás qué hacer: susurrar tres veces «Baku, ven y devora mi sueño».

Hace mucho tiempo, en un pequeño pueblo de Japón, había un niño que todas las noches soñaba que corría por un oscuro bosque perseguido por una bestia feroz, e, irremediablemente, se despertaba empapado en sudor. La pesadilla era tan aterradora que al niño le daba siempre miedo quedarse dormido. Hasta que, un día, su abuelo le habló del único ser que podía ayudarle: Baku.

La noche siguiente, el niño se durmió y volvió a soñar que corría por el bosque. La bestia feroz se acercaba cada vez más, pero él se armó de valor, se detuvo y gritó: «¡Baku, ven y devora mi sueño!» En ese momento, una criatura parecida a un tapir saltó desde detrás de un árbol y, con tranquilidad, devoró la pesadilla.

A partir de ese momento, el niño dejó de tener pesadillas y se iba cada noche tranquilo a la cama porque sabía que, fuese lo que fuese lo que se le apareciera en sueños, jamás tendría que volver a a enfrentarse a ello solo.

CADBOROSAURUS

*En la isla de Chatham, rodeada por las frías aguas del Pacífico
y la bruma que se forma al amanecer, los pescadores neozelandeses
cuentan una historia increíble: la del cadborosaurus.*

Dos pescadores se adentraron en el mar con su barco
cuando notaron algo raro entre las olas: un extraño animal
los observaba desde la distancia antes de sumergirse de
nuevo en el agua. Como no tenía un aspecto amenazante, los
pescadores intentaron acercarse. Pero el cadborosaurus, al
que llamaron «Caddy», se alejó de allí nadando.

Ellos no fueron los únicos que lo vieron. Un hombre que estaba de vacaciones con su familia pudo distinguir una serpiente de unos 18 metros de largo tumbada al sol tranquilamente en unas rocas. El hombre contó que era verde y que tenía una gruesa cresta en la cabeza que parecía estar hecha de algas. También la vio una mujer, y describió incluso el sonido que hacía: un gruñido acompañado de un largo silbido. Después, el animal desapareció tan rápido como había llegado.

Si algún día visitas la isla de Chatham, mira hacia el horizonte. ¿Quién sabe? Tal vez distingas una cresta que desaparece bajo las olas, señal de que Caddy sigue ahí, oculto pero no olvidado.

KITSUNE

¿Has oído hablar alguna vez de los kitsune, los zorros mágicos de las leyendas japonesas? A estos astutos animales les encanta gastar bromas a las personas. Los que vivían junto a la casa de Yasumichi, sin embargo, ¡eran terriblemente insoportables!

Tiraban cosas, salían de repente de sus escondites para asustarle e imitaban voces humanas para armar jaleo. Yasumichi era un hombre muy paciente y soportó sus travesuras durante años. Pero un día decidió que había llegado el momento de actuar y les pidió a sus amigos que, la mañana siguiente, acudieran a su casa equipados con arcos, flechas y bastones para rodear la casa y que ningún zorro pudiera escapar.

Esa misma noche, Yasumichi soñó con un anciano de pelo blanco arrodillado bajo el mandarino de su jardín.

—¿Quién eres? —preguntó Yasumichi.

—Mi familia y yo hemos vivido aquí durante generaciones —respondió el anciano con voz temblorosa—. Mis nietos hacen muchas travesuras y yo intento calmarlos, pero nunca escuchan. Sé que estás cansado de nosotros, pero te ruego que nos perdones una última vez, por favor. A cambio, yo enseñaré a los jóvenes a comportarse correctamente y, cuando algo afortunado vaya a ocurrir, seremos nosotros quienes te lo comuniquemos.

El anciano hizo una profunda reverencia y, justo después, Yasumichi se despertó de golpe y se levantó para asomarse a la ventana. Allí, bajo el mandarino, había un zorro desaliñado con nueve colas apenas visibles. Cuando sus miradas se cruzaron, el animal bajó el hocico y se alejó lentamente hasta perderse entre los arbustos.

Yasumichi canceló el plan que tenía y los kitsunes no volvieron a las andadas. ¡Al contrario! Cada vez que un suceso afortunado estaba a punto de ocurrir, un fuerte ladrido anunciaba la buena noticia.

El hombre había aprendido una importante lección: la tolerancia y el diálogo pueden convertir a los enemigos en fieles aliados.

CARBUNCLO

*Si por la noche ves algo brillar entre los arbustos,
detente un segundo para observarlo desde lejos.
¡Puede que sea un carbunclo!*

Una noche, un minero famoso por su intuición se adentró en el bosque en busca de nuevas vetas de oro. Al cabo de un rato, entre las sombras de los troncos, vio una luz parpadeante. Pensando que era un tesoro, se acercó con cautela. ¡Era un carbunclo! Su caparazón brillaba con una luz azul pálida y la gema de su frente resplandecía como un pequeño sol.

Cautivado, el minero le tendió la mano. Pero el carbunclo se percató de su presencia, corrió a esconderse y, rápidamente, ocultó las patas y la cabeza en su caparazón, transformándose prácticamente en una roca. El hombre siguió las huellas que había dejado el carbunclo hasta un agujero no muy lejano, pero allí solo encontró una piedra grande y rugosa que reflejaba la luz de la luna.

Al principio, pensó en regresar al día siguiente para encontrar la guarida del animal, pero, al mirar la luna, recordó la gran gema que brillaba en su frente. Entonces, fue consciente de que algunas maravillas están destinadas a ser protegidas y no poseídas, pues su luz está hecha para iluminar el mundo, no para ser atrapada.

CERBERO

Es indudable que un perro furioso asusta a cualquiera.
Pero ¿y si te dijera que este tiene tres cabezas?

Eneas decidió descender al inframundo para encontrarse con el espíritu de su padre, Anquises, pero había un pequeño problema: ¡Cerbero! Imagínate a un perro tan grande como una casa, con tres cabezas y feroces fauces llenas de dientes afilados. No es este precisamente el cachorrito que te gustaría acariciar, ¿verdad?

Por suerte, Eneas no estaba solo. Lo acompañaba Sibila, una profetisa que sabía exactamente qué hacer para deshacerse de él, y preparó un pastel cubierto de miel y hierbas especiales con propiedades somníferas.

Cuando vio a Cerbero, sus tres cabezas empezaron a rugir al unísono. Entonces, le lanzó el pastel y... ¡sorpresa!: la bestia se lo tragó de un solo bocado. ¿Adivinas lo que pasó después? En pocos segundos, sus seis ojos rojos empezaron a cerrarse, uno tras otro. El poderoso guardián del inframundo cayó desplomado en el suelo, con la cola de serpiente enroscada en el cuerpo, y empezó a roncar tan fuerte que las paredes de la cueva temblaban.

Desde entonces, quienes descienden al inframundo siempre llevan consigo un trozo de pastel o de pan cubierto de miel. ¡Nunca se sabe!

ZARATÁN

El mundo está lleno de lugares extraños,
pero ¿has oído hablar de una isla viviente?

Un día, mientras navegaba por el golfo Pérsico en busca
de tesoros, Simbad encontró una isla muy extraña: estaba
cubierta de una brillante vegetación y no aparecía en
ningún mapa. ¿Qué se escondería en sus costas? ¡Tenía que
averiguarlo!

Nada más desembarcar, notó algo raro. Primero, un
ligero temblor; luego, un temblor más fuerte, y, finalmente,
la tierra empezó a ondularse como si fueran olas. ¡Parecía
que el suelo se estuviera despertando! Y eso era justo lo que
estaba ocurriendo: Simbad se encontraba sobre la espalda de
un ser gigantesco, el zaratán, que se había quedado dormido
en medio del mar.

Hasta aquel momento, su aspecto era el de una isla
cubierta de tierra y árboles, pero bastó que el marino
caminara sobre él para despertarlo de su letargo. ¿Te
imaginas el susto que se llevó?

Simbad corrió hacia su bote, pero estaba lejos de la orilla
y el zaratán emergía lentamente. Entonces, el marino se
agarró al tronco de un árbol, que se había desprendido de la
espalda del animal, y escapó flotando sobre el mar cristalino.
Sin lugar a dudas, ese día aprendió que la naturaleza está
llena de sorpresas.

QUIMERA

Hace muchos siglos, en las montañas de Turquía, un pequeño reino sufrió los tormentos infligidos por uno de los seres más terroríficos de los que he oído hablar.

Imagina encontrarte con un monstruo híbrido siempre listo para atacar, con una cabeza de león y otra de macho cabrío, afilados colmillos, robustas patas delanteras, unas garras capaces de dejar profundas marcas en las rocas, una serpiente gigante por cola, un rugido que hace temblar las montañas... ¡y que escupe fuego!

Nadie había sido capaz de vencer a Quimera, pero el valiente semidiós Belerofonte tenía una gran ventaja: contaba con la ayuda de Pegaso, el legendario caballo alado, sobre cuyo lomo voló por encima de las llamas de la bestia, estudiando cada uno de sus movimientos, rugidos y llamaradas.

A Belerofonte se le ocurrió un plan para derrotarla y decidió entrar en acción. Planeando en el aire, esperó pacientemente y, en el momento adecuado, lanzó con toda su fuerza una gran flecha de plomo directamente a sus fauces. Pero Quimera no cayó de inmediato y, enfurecida, intentó golpear a Belerofonte con su cola venenosa y sus afiladas garras. Afortunadamente para Belerofonte, Pegaso era rápido y logró esquivar los ataques de su oponente.

Todo iba según lo previsto. Solo quedaba esperar a que la bestia lanzara de nuevo sus ardientes llamas.

Belerofonte siguió volando en círculos alrededor de Quimera, y se acercó lo suficiente para que esta pensara que podía alcanzarlo con sus llamaradas. Entonces, cuando se preparaba para escupir fuego, de su garganta no salió llama alguna. En su lugar, el fuego fundió la flecha de plomo que Belerofonte le había disparado y el metal licuado descendió hasta sus entrañas, silenciando para siempre su terrible rugido.

Belerofonte había liberado a aquel reino de la pesadilla y se convirtió en un héroe legendario.

GRIFO

Muchos siglos atrás, las montañas del norte de Grecia brillaban con luces doradas. Aquellas remotas peñas escondían yacimientos de oro custodiados por seres extraordinarios: los grifos.

Mitad águila y mitad león, estos animales de majestuosas alas sobrevolaban la zona para proteger el preciado metal de posibles ladrones.

A pesar de que los lugareños temían a los grifos, era más poderoso su afán desmedido de arrebatarles las riquezas que defendían. Fue así como se inició una guerra interminable. En un bando estaban los grifos, que se lanzaban en picado con sus afiladas garras listas para acuchillar lo que encontrasen a su paso y un pico capaz de perforar armaduras. En el otro, hombres con lanzas punzantes y afiladas espadas que avanzaban desesperadamente para tratar de saquear aquellos yacimientos de oro. Se dice que los gritos de los guerreros y los rugidos de los grifos se oían en todo el valle.

Aunque los grifos son bastante escasos hoy en día,
si viajas a esas colinas te recomiendo estar siempre
vigilante. Si escuchas con atención, seguramente podrás
distinguir el batir de sus potentes alas mientras envían
una advertencia: nunca desafíes a aquellos que protegen
lo que aman.

HIDRA

En la antigua Grecia, en un lago envenenado, vivía un terrible monstruo, una serpiente acuática que causaba muchos problemas, ¡incluso a héroes como Hércules!

Cuando Hércules llegó a la guarida de la serpiente, disparó flechas ardientes para obligarla a salir y poder enfrentarse directamente a ella. En cuanto lo hizo, quedó claro al instante por qué nadie había logrado vencerla. Imagínate una serpiente gigantesca con nueve cabezas y fauces pestilentes listas para atacar. ¡Esta es Hidra!

Una a una, Hércules comenzó a cortar cabezas, pero la serpiente tenía el poder de regenerarlas y su número aumentaba cada vez más. ¡Parecía imposible de vencer! Sin embargo, Hércules no era de los que se rinden y sabía muy bien que cualquier problema tiene solución.

Pidió ayuda a su sobrino Yolao, y este tuvo una gran idea:
cada vez que Hércules cortara una cabeza, él cauterizaría
la herida con una antorcha para que no pudieran brotar las
nuevas. Trabajando juntos, tío y sobrino lograron cortar
todas las cabezas de la serpiente.

Hércules realizó un esfuerzo verdaderamente heroico,
y nos enseñó que todos los problemas pueden solucionarse
con un poco de ingenio y un buen amigo a nuestro lado.

ISONADE

En alta mar, hay que prestar atención hasta al más mínimo detalle; ¡podrías estar frente a un monstruo marino!

Los habitantes de Matsuura, Japón, cuentan la historia de un viejo pescador que, una mañana, se echó a la mar con su embarcación como había hecho durante toda la vida. Era un día como cualquier otro, salvo que, de pronto, empezó a soplar un fuerte viento.

Los pescadores más jóvenes que lo acompañaban ni se inmutaron; en cambio, el anciano sabía exactamente lo que significaba: ¡Isonade estaba cerca! Ordenó a sus marineros que subieran las redes a bordo, pero ellos se limitaron a mirar con curiosidad el mar, que se había calmado y tenía una extraña tonalidad azul.

La bestia apareció de repente. El cuerno de su cabeza brillaba amenazadoramente por el efecto del sol, y los jóvenes se quedaron petrificados al ver todos aquellos dientes. Pero el anciano no perdió el tiempo: con un rápido movimiento del timón, desplazó ligeramente el barco. El monstruo estuvo a punto de embestirlos antes de desaparecer en las profundidades tal y como había llegado: silenciosamente y sin dejar rastro.

La palidez en los rostros de la tripulación daba fe del encuentro con Isonade. A partir de entonces, los jóvenes aprendieron a prestar más atención a los detalles.

AKHLUT

Si alguna vez te encuentras cara a cara con un guardián del mar helado, recuerda que la fuerza bruta no te va a salvar.

Un día, un pescador salió al mar con su barca y, al no encontrar apenas peces, decidió alejarse de la costa más de lo habitual. Solo el viento y el hielo que chocaba contra el casco rompían el silencio que lo rodeaba.

Súbitamente, apareció una criatura oscura y amenazadora. Era un akhlut, un ser mitad orca y mitad lobo, guardián de las aguas heladas. El miedo se apoderó del pescador, pero, pasados unos segundos, se repuso y respiró hondo, se desató del cuello el talismán de hueso tallado con forma de pez que llevaba siempre cuando salía a pescar y lo dejó caer en el agua helada como ofrenda al akhlut.

El animal se sumergió y nadó hacia la barca. Luego, salió a la superficie y se quedó mirando fijamente al pescador con sus oscuros ojos, como si quisiera penetrar en su alma. Comprobó que había mostrado humildad y respeto por las fuerzas del mundo natural, así que se dio por satisfecho y le perdonó la vida.

Desde entonces, las aguas fueron generosas con el pescador y con su pueblo, pero él nunca intentó aprovecharse de ese regalo: sabía que el mar solo recompensa a quienes le muestran respeto.

MÁKARA

En este libro hay seres increíbles, pero no todos son peligrosos: algunos pueden llegar a ser verdaderos amigos.

En la India, un niño pasaba siempre por delante de un viejo templo cuyas columnas estaban decoradas con una rara criatura: tenía trompa de elefante, cola de pez y escamas brillantes como el hielo. Los ancianos la llamaban «Mákara».

Una noche de tormenta, el niño se refugió en el patio del templo y se encontró con el extraño animal vivo, de carne y hueso. Aunque al principio sintió miedo de él, sus ojos brillaban con tal bondad que el chico se calmó y, con un gesto, lo invitó a acercarse.

Mákara se dirigió lentamente hacia él y, para sorpresa del niño, se agachó a su lado y lo resguardó de la lluvia con su enorme cuerpo. Protegido por el animal, el pequeño se quedó dormido, sano y salvo.

Cuando se despertó, Mákara había desaparecido. Sin embargo, al levantarse, vio que aún se distinguía la huella que había dejado su gran animal protector en el suelo.

A veces, los amigos más leales pueden tener una apariencia extraña.

LA SIRENITA

Seguro que has oído hablar de la Sirenita, pero quizás no conoces su verdadera historia, la que escribió Hans Christian Andersen hace mucho tiempo.

La Sirenita vivía en el fondo del océano con sus hermanas. Tenía una voz tan hermosa que, cuando cantaba, hasta las ballenas acudían para escucharla.

Era una sirena curiosa, quizás demasiado, y siempre le pedía a su abuela que le contara todo lo que sabía sobre los humanos. ¿Cómo eran sus ciudades? ¿Cómo funcionaban los barcos? ¿Bailaban? ¿Vivían para siempre?...

Con gran paciencia, su abuela le contestaba a todo. También le contó que, cuando los humanos morían, no se convertían en espuma de mar como las sirenas, sino que tenían un alma inmortal que vivía para siempre.

Una noche, la Sirenita nadó hasta la superficie para ver los barcos. A bordo de uno de ellos, había un apuesto príncipe que le llamó poderosamente la atención. La Sirentita se enamoró de él al instante, ¡pero el príncipe ignoraba su existencia!

En contra del consejo de todos, la Sirenita fue a visitar a la hechicera del mar para pedirle que transformase su cola en dos piernas humanas. La hechicera accedió, pero a cambio de que le entregase su hermosa voz. Sin dudarlo, la Sirenita aceptó.

Para su desgracia, al llegar a la corte del príncipe, hizo un terrible descubrimiento: ¡su corazón le pertenecía a otra mujer! La Sirenita se quedó desolada. El príncipe nunca la amaría, y con piernas ya no podría regresar a su hogar submarino. Sin embargo, cuando todo parecía perdido, sus hermanas le ofrecieron una solución: una daga mágica que rompería el hechizo si sacrificaba al príncipe.

La Sirenita no pudo hacerlo porque lo amaba demasiado, y, al amanecer, se arrojó al mar para convertirse en espuma.

Su alma también se hizo inmortal. Hoy, todavía flota en el viento.

CIREIN-CRÒIN

*Si alguna vez ves un pececito nadar en un lago escocés,
no te dejes engañar; ¡puede que no sea lo que parece!*

Hace mucho tiempo, vivió un niño que quería convertirse en el mejor pescador de todos, y, un día, salió con su barca para demostrarle a su pueblo lo que realmente valía.

Tras horas faenando sin una sola captura, distinguió un minúsculo pez plateado que nadaba cerca de su barca y lanzó sonriendo el sedal con la seguridad de que, al menos, aquel pececito sería suyo. Sin embargo, en cuanto el pez mordió el anzuelo, la barca empezó a sacudirse violentamente y el pececito se transformó en una gigantesca serpiente marina con dientes afilados como cuchillas. ¡Era Cirein-cròin!

Temiendo por su vida, el joven cortó el sedal, se arrodilló y comenzó a rezar para que la criatura le perdonara. Entonces, Cirein-cròin, quizás impresionado por la humildad del chico o simplemente por pura diversión, se transformó nuevamente en un pececito plateado y se sumergió en las aguas profundas.

Después de aquel día, el joven salió siempre a pescar con prudencia y respeto. Había aprendido que la verdadera fuerza no consiste en capturar todo lo que se desea, sino en saber cuándo hay que soltar y dejar ir.

EL PÁJARO DEL TRUENO

¿Alguna vez has sentido temblar la tierra bajo tus pies durante una fuerte tormenta? Si es así, quizás estabas en el territorio de un ave antigua y majestuosa: el pájaro del trueno. Has de saber, entonces, que sus inmensas alas esconden poderes que ni siquiera puedes imaginar.

En un remoto valle rodeado de altas y oscuras montañas, vivía una pequeña tribu cuyos recursos eran escasos. Sus miembros siempre trabajaban muy duro, pero las constantes lluvias acababan arruinando siempre sus cosechas.

Según los ancianos, el pájaro del trueno era el responsable de la lluvia, pero nadie había conseguido encontrarlo nunca. Sin embargo, un día, un niño valiente tuvo una idea. Llenó su bolsa con un regalo para el animal y subió a la montaña más alta.

En la cima, el viento rugía y los relámpagos iluminaban el cielo. El niño sacó un gran coco de la bolsa (a los pájaros del trueno les encantan los cocos) y lo sostuvo en alto con ambas manos. De repente, un trueno ensordecedor retumbó en todo el valle al tiempo que una inmensa ave aparecía entre las nubes. El pájaro del trueno se posó justo frente a él, con sus gigantescas alas aún resplandecientes por el efecto de los rayos. El niño se quedó inmóvil. Su corazón latía con fuerza mientras el pájaro bajaba el pico hacia él. Temblando, el niño le ofreció el coco.

El pájaro lo miró fijamente durante un tiempo que pareció una eternidad; luego, extendió las alas y se elevó por encima de las nubes con un sonoro aleteo. Justo después la tormenta cesó y el valle se inundó de luz.

A partir de ese día, los lugareños decían que el pájaro del trueno había bendecido a la tribu, protegiéndola de las tormentas más fuertes y trayendo la lluvia solo cuando era necesaria.

A veces, incluso las fuerzas más aterradoras pueden convertirse en aliadas si te acercas a ellas con respeto y humildad.

UNICORNIO

En los bosques más antiguos y salvajes vive un animal legendario que pocos han visto. Has de saber que, si quieres verlo, tu corazón debe ser puro.

Hace mucho tiempo, en una aldea cercana a un misterioso bosque, vivía una niña que no era como los demás. A los habitantes del lugar les asustaba el bosque; en cambio, a la niña le encantaba pasear entre sus árboles y observar a los animales.

Un día, mientras recorría un sendero por el que nunca había pasado, encontró un arroyo de agua cristalina en cuya orilla yacía un pajarito herido. La niña tomó al pájaro entre sus manos con mucho cuidado. Quería curarlo, pero no sabía qué hacer. Estaba arrodillada junto al arroyo cuando oyó un crujido detrás de ella. Asustada, contuvo la respiración y se dio la vuelta lentamente... ¡Entre los rayos de sol que se colaban por los árboles había un unicornio!

El unicornio bajó la cabeza y la miró a los ojos durante un tiempo. La niña no se movió, pero sintió una inexplicable calma interior. El animal se acercó más todavía y, cuando la niña acarició su pelaje blanco como la nieve, al momento sintió una mágica ola de calor que le recorría el cuerpo. El pajarito que sostenía en las manos abrió entonces los ojos, batió las alas y voló hasta posarse en una rama. El unicornio, por su parte, exhaló suavemente, se dio la vuelta y desapareció entre los árboles.

Cuando la niña regresó a la aldea, no le contó a nadie lo que había sucedido. Cada cierto tiempo, volvía a ese lugar, pero nunca trató de encontrar al unicornio. Sabía que en el mundo hay maravillas imposibles de conquistar a las que solo se puede acceder con bondad y respeto, porque un corazón puro es lo que crea la verdadera magia.

LA PELUDA

*Esta criatura es tan espeluznante que nadie
se atreve a acercarse a ella.*

En un pequeño río de Francia vivía la Peluda, una bestia con cabeza de serpiente, patas de tortuga y el cuerpo cubierto de espinas. ¡Era muy peligrosa!

Un día, una niña querida por todos se cayó en su guarida y el pueblo entero quiso ir a rescatarla. Armados con espadas, garrotes, flechas y horcas, corrieron hacia la guarida de la Peluda y escucharon allí la voz de la niña. ¡No había tiempo que perder!

Unos dispararon flechas, otros se abalanzaron con sus espadas, pero, por muy fuertes que fueran, nadie logró atravesar la piel de la Peluda, que era dura como el acero.

Un joven se detuvo a observar la lucha y reparó en que la bestia siempre se protegía la cola. ¿Sería ese su punto débil? Agarró su espada y les pidió a los demás que la distrajeran. Entonces, la rodeó y hundió su afilada espada justo en el centro de la cola. La Peluda se desplomó al instante. Había muerto, y la niña estaba a salvo.

El joven se convirtió en un héroe, pues la auténtica fortaleza no reside en la fuerza bruta, sino en el pensamiento.

Anna Láng

Anna Láng es una diseñadora gráfica e ilustradora húngara que actualmente vive
y trabaja en Milán (Italia). Tras estudiar en la Universidad de Bellas Artes
de Budapest y graduarse como diseñadora gráfica en 2011, trabajó en una agencia
de publicidad durante tres años. En 2013, recibió el Premio de la Ciudad
de Békéscsaba en la Bienal Húngara de Diseño Gráfico por su serie de carteles
sobre Shakespeare. Actualmente, trabaja en el ámbito que más le apasiona:
las ilustraciones para libros infantiles.

Jacopo Donati

Jacopo Donati es editor y escritor. En el pasado, escribió para la televisión;
en la actualidad, sin embargo, se dedica exclusivamente a la ficción de género
y la ficción infantil. Imparte clases de edición y escritura creativa en la
Bottega Finzioni de Bolonia (Italia), donde ayuda a aspirantes
a escritores a perfeccionar sus historias.

WS whitestar kids® es una marca
registrada propiedad de White Star s.r.l.

© White Star s.r.l.
Piazzale Luigi Cadorna, 6
20123 Milan, Italy
www.whitestar.it
Todos los derechos reservados

© SUSAETA EDICIONES, S.A.
C/ Campezo, 13 - 28022 Madrid
Tel.: 91 3009100 - Fax: 91 3009118
general@susaeta.com

Traducción: Mar Portillo

D.L.: M-19059-2025